In Loving Memory Of

_____

Born _____

Passed _____

Age _____ *Years* _____ *Months*

Service _____

Father

Mother

Family

Pallbearers ♥

_____

_____

_____

_____

_____

_____

_____

_____

_____

Name & Address ♥ Memories

_____

_____

_____

_____

_____

_____

_____

_____

_____

Name & Address ♥ *Memories*

Name & Address ♥ *Memories*

_____

_____

_____

_____

_____

_____

_____

_____

_____

_____

_____

Name & Address ♥ *Memories*

Name & Address ♥ *Memories*

Name & Address ♥ *Memories*

Name & Address ♥ *Memories*

Name & Address ♥ Memories

Name & Address ♥ *Memories*

Name & Address ♥ *Memories*

Name & Address ♥ *Memories*

Name & Address ♥ *Memories*

Name & Address ♥ Memories

Name & Address ♥ *Memories*

Name & Address ♥ *Memories*

Name & Address ♥ Memories

Name & Address ♥ Memories

Name & Address ♥ Memories

Name & Address   ♥   Memories

_____

_____

_____

_____

_____

_____

_____

_____

_____

Name & Address ♥ Memories

Name & Address ♥ *Memories*

Name & Address ♥ *Memories*

Name & Address   ♥   Memories

_____

_____

_____

_____

_____

_____

_____

_____

_____

Name & Address ♥ Memories

Name & Address ♥ Memories

Name & Address ♥ Memories

Name & Address ♥ *Memories*

Name & Address ♥ Memories

Name & Address ♥ *Memories*

Name & Address ♥ *Memories*

Name & Address ♥ Memories

Name & Address ♥ Memories

Name & Address ♥ Memories

Name & Address ♥ Memories

Name & Address ♥ Memories

_____

_____

_____

_____

_____

_____

_____

_____

_____

Name & Address ♥ Memories

Name & Address ♥ *Memories*

Name & Address ♥ *Memories*

Name & Address ♥ *Memories*

Name & Address ♥ Memories

Name & Address ♥ *Memories*

Name & Address ♥ *Memories*

Name & Address ♥ Memories

Name & Address ♥ *Memories*

Name & Address ♥ Memories

Name & Address ♥ *Memories*

Name & Address ♥ *Memories*

Name & Address   ♥   Memories

Name & Address ♥ Memories

Name & Address ♥ Memories

Name & Address ♥ Memories

Name & Address ♥ Memories

Name & Address ♥ Memories

Name & Address ♥ Memories

Name & Address ♥ Memories

_____

_____

_____

_____

_____

_____

_____

_____

_____

Name & Address ♥ *Memories*

Name & Address ♥ Memories

Name & Address ♥ Memories

_____

_____

_____

_____

_____

_____

_____

_____

_____

Name & Address ♥ Memories

Name & Address ♥ *Memories*

Name & Address ♥ Memories

Name & Address 🖤 Memories

_____

_____

_____

_____

_____

_____

_____

_____

_____

Name & Address ♥ Memories

_____

_____

_____

_____

_____

_____

_____

_____

_____

Name & Address ♥ Memories

Name & Address ♥ *Memories*

Name & Address ♥ Memories

Name & Address ♥ Memories

_____

_____

_____

_____

_____

_____

_____

_____

_____

Name & Address ♥ Memories

Name & Address ♥ *Memories*

Name & Address ♥ Memories

Name & Address ♥ Memories

Name & Address ♥ *Memories*

Name & Address   ♥   Memories

Name & Address ♥ Memories

Name & Address   ♥   *Memories*
_____

_____

_____

_____

_____

_____

_____

_____

_____

_____

Name & Address ♥ Memories

Name & Address ♥ Memories

Name & Address ♥ Memories

_____

_____

_____

_____

_____

_____

_____

_____

_____

Name & Address ♥ Memories

Name & Address ♥ Memories

Name & Address ♥ Memories

Name & Address ♥ Memories

Name & Address ♥ Memories

Name & Address ♥ Memories

Name & Address ♥ Memories

Name & Address ♥ Memories

_____

_____

_____

_____

_____

_____

_____

_____

_____

Name & Address   ♥   Memories

Name & Address ♥ Memories

Name & Address ♥ Memories

Name & Address ♥ *Memories*

Name & Address ♥ Memories

Name & Address ♥ Memories

Name & Address ♥ Memories

Name & Address ♥ *Memories*

Name & Address ♥ *Memories*

Name & Address ♥ Memories

Name & Address ♥ *Memories*

Name & Address ♥ Memories

_____

_____

_____

_____

_____

_____

_____

_____

_____

Name & Address ♥ Memories

Name & Address ♥ Memories

Name & Address   ♥   Memories

Name & Address ♥ *Memories*

Name & Address ♥ Memories

Name & Address ♥ Memories

Name & Address   ♥   Memories

Made in the USA
Las Vegas, NV
30 June 2024